ENCORE UNE ASSEMBLÉE

DES JOURNAUX,

POUR JUGER LES PROCÈS DE L'*ARISTARQUE*

FRANÇAIS ET DE LA *FRANCE CHRÉTIENNE.*

La plupart des journaux arrivent lentement dans la salle ; ils ont l'air malade et souffrant. La Gazette a la jaunisse, le Drapeau-Blanc s'appuie sur sa lance à moitié brisée : sa bannière déchirée, changée en compresse retient un vaste cataplasme qu'il a sur les yeux. Le journal des Débats n'a plus à la place de la tête et des jambes, que des moignons ; ses jambes et sa tête étant passées dans son ventre qui, au reste, est énorme. Le Pilote, mutilé par tant de batailles, paraît, les menottes aux mains, les fers aux pieds, escorté de gendarmes et de commissaires-de-police, et criant à tue-tête, » Je suis libre, je suis de l'opposition ! » Dans son corps transparent il n'y a rien qu'un bec de gaz-hydrogène, *fourni gratis par la Compagnie Powell. De cette sorte il se sert à lui-même de lanterne. Le Moniteur, homme moitié contemporain, moitié postérité, dont la vie est comme une longue journée, où il aurait déjeûné avec la Révolution, dîné avec le Despotisme, et soupé avec la Monarchie, occupe le fauteuil qui ne peut plus le contenir; on voit s'échapper par derrière et par les côtés une surabondance d'articles : il souffre d'une indigestion ; et les huissiers de la Chambre s'empressent autour de lui pour lui faire prendre du thé. L'Etoile, espèce de farfadet en capuchon, flambeau sans flamme, lumière sans clarté, se jette au nez de tous ceux qui entrent, en leur demandant insolemment : » Étes-vous classiques? » On voit autour de la chambre des portraits de ceux qui sont morts, tels que la Foudre, les Tablettes-Universelles, l'Oriflamme, avec des fac-simile de leur écriture. Le Diable Boiteux est à la porte : il attend qu'on l'appelle; car il n'ose pas entrer de son chef dans le domaine de la Politique.*

Le Moniteur, d'une voix faible et émue,

Messieurs, Mesdames.

« Nous nous revoyons encore une fois dans des
» circonstances très-pénibles, moralement et phisi-
» quement parlant : car la plupart d'entre-vous
» sont très-malades, et ont été obligés d'arriver ici

» en chaise à porteur, étant si faibles que le moindre
» choc les eût renversés. .... (ici le président avale
» un verre d'eau.) Je vous en sais d'autant plus de gré
» de votre exactitude. .... Je crois qu'il sera super-
» flu de faire l'appel. Je pense que nous y sommes
» tous. Ceux-mêmes, qui ne peuvent pas assister cor-
» porellement à cette séance, y sont cependant par
» leurs images, tels que *la Foudre*, *les Tablettes et*
» *l'Oriflamme*; car je les vois là devant moi pendus
» en effigie. .... Je vous demande bien pardon, je suis
» essoufflé. ..... Voilà plus de trente ans que je parle,
» sans discontinuer, (quoiqu'il y en ait qui préten-
» dent que je ne dis rien). Je vois aussi avec plaisir,
» qu'aucun de nous n'a changé de forme, depuis
» notre dernière entrevue. Chacun est ici avec son
» costume particulier et avec ses attributs. ..... Ce
» qui est bien. Je remarque cependant quelques per-
» sonnes parmi vous, qui ne portent pas leurs insignes
» comme à l'ordinaire; par exemple, le *Drapeau-Blanc*
» s'est fait un bandeau ou plutôt une compresse de sa
» bannière. S'il a les yeux pochés, il a bien fait. Chacun
» se sert de son mobilier comme il l'entend. » (ici de
sourds murmures commencent à couvrir la voix du
président.

Le président continuant : » Je m'apperçois que l'on
murmure, et je désire en connaître le motif.

Plusieurs voix : « On demande la *Quotidienne*. Où
est la *Quotidienne* ?

Le président : Elle est à la campagne.... elle est allée
respirer l'air du printemps dans une petite maison

qu'elle a sur une montagne : là elle dit comme le poëte :

> ....« Placé plus près des cieux ,
> » Plus libre , je me sens aussi plus vertueux. (1)

Dans ce moment , on frappe à la porte de la Chambre. Les huissiers demandent qui est là. Quelques voix répondent à la fois : « ouvrez : — c'est six » ou sept actions de la *Quotidienne* , qui demandent » à entrer.

Le président : « Faites entrer le tout.

Un huissier : il n'y a que 7 , ou au plus 8 actions qui veulent entrer ;

Le président : « Eh bien ! fermez la porte : on n'entre pas ici *parte in quá.* Cependant , je vais consulter l'assemblée.

L'assemblée consultée ne comprend pas d'abord la question. Plusieurs membres , malades de léthargie et à moitié endormis , croient qu'il s'agit de la loi sur les rentes , et s'écrient tous haut , en se réveillant : « C'est inutile de nous faire voter aujourd'hui , attendu » que nous avions vôté la veille du jour où a paru le » projet de loi ? » Quelques autres , s'imaginant qu'il s'agit de la septennalité , s'écrient : « Nous votons pour » quatorze ans. »

Pendant ce temps , un membre de *l'extrême centre* , gesticulant avec vivacité , et frappant sur son coussin , d'où s'échappe un nuage de poussière , fait entendre

---

(1) Michaud , le printemps d'un proscrit.

ces mots : « MM. J'avertis que, si on ne nous donne
» pas de meilleures instructions sur l'état de la
» question, nous serons obligés de voter selon notre
« conscience. » (1)

Enfin, l'assemblée mieux éclairée sur l'objet du
vote, décide à une immense majorité, composée de
sept ou huit voix, que la *Quotidienne* ne sera pas
admise ; mais que celles de ses actions qui ont mani-
festé le désir d'entrer, pourront avoir dans la chambre
un procureur fondé.

Le *Président :* « Je vous engage à entendre le rapport sur les deux affaires de l'*Aristarque Français* et
de la *France Chrétienne*. Le *Diable Boiteux* est
invité à donner lecture du rapport.

Le *Diable Boiteux* monte à la tribune, et lit ce
qui suit :

« Le présent rapport a été composé par les qua-
rante hommes d'esprit qui sont à la tête de la rédaction de la *Gazette de France*. Ils ont cru devoir
mettre en commun dans cette grande circonstance
leurs lumières et leurs talens, vu l'importance de la chose.

« Les corporations ont des droits et des intérêts
qu'elles doivent faire respecter. Les journaux sont
aussi une corporation ; on pourrait même dire, une
congrégation. Et lorsque des circonstances majeures,
ou lors même que les intentions manifestes d'une
politique vaste et profonde assujétissent les journaux

____

(1) Historique.

au joug d'une loi commune , il n'est pas convenable, peut être même est-il arbitraire, que des journaux jusqu'alors obscurs, ou même défunts, arborent tout-à-coup les couleurs rougeâtres de l'indépendance , et veuillent par une marche inusitée et solitaire , nous dirions même romantique, se soustraire à l'impulsion douce, sage et modérée du gouvernement. Eh ! bien ! messieurs et dames :

« .... Et sans horreur on ne peut le redire.

La France Chrétienne , la plus douce , la plus obscure, la plus inoffensive de toutes les brebis qui paissaient en paix, (ou qui étaient censées paître) sous la houlette d'or du grand berger, ou si vous voulez du grand banquier de la *rue de Varennes* , a tout-à-coup brisé son licol, a frappé du pied, a levé avec audace vers le ciel son font cornu , et invoquant je ne sais qu'elle divinité d'indépendance , a voulu faire de son titre si pacifique le mot d'ordre de la révolte. Notre grand directeur a pensé, et nous avons pensé; il a dit, et nous avons dit, que c'était une chose affreuse. Au reste, il s'en est expliqué formellement ; et tout le monde sait, qu'il ne veut plus qu'il y ait une France chrétienne. Est-ce qu'un peuple n'a pas atteint et dépassé même le sommet de toutes les prospérités publiques, lorsqu'il est parvenu à réduire sa rente et à allonger son parlement ! Et d'ailleurs, Messieurs, (soit dit entre nous) ne jouissons nous pas du calme le plus profond et de la paix la plus heureuse ? Peut-on citer une époque où les journaux aient fait preuve d'une fraternité plus grande ? Y a-t-il entre nous seulement une querelle de feuilleton ? Et si naguères on a vu l'*Étoile* et l'*Oriflamme* se quereller pour le romantique et le classique, ne pouvait-on pas regarder ces aimables étourderies comme ces jeux d'enfans, dont personne ne s'inquiète, parce qu'ils ne peuvent blesser personne, pas même les combattans. Le *Moniteur* a-t-il seulement reçu une égratignure ? et *les Débats*, qu'on pourrait, peut-être, si l'on était méchant, appeler l'épigramme vivante de lui-même, ne jouit-il pas avec gloire d'une fortune si honorablement acquise ? Est-ce que quelqu'un seulement s'inquiète de savoir, s'il est athée, matérialiste, révolutionnaire ou buonapartiste ? Il est ministériel ; et cela répond à tout ; il a 12,000 abonnés, et cela paie tout. Et quant aux autres journaux, entre lesquels la différence du nombre d'abonnés excitait de si misérables et de si scandaleuses querelles, ce motif de discorde n'existe plus. A l'époque avancée de la civilisation folliculaire, ce n'est plus avec des abonnemens qu'on pourvoit aux frais énormes d'un journal, mais avec de l'argent : ce qui n'est pas la même chose..... Oserait-on même aujourd'hui faire encore la question bannale et puérile : combien tel journal a-t-il d'abonnés ? On demande tout simplement s'il est ou non de la grande caisse. Ce qui vous annonce assez, que puisque le temps est arrivé où les feuilles publiques pourront se soutenir sans abonnés, c'est que probablement il n'en coûtera plus rien pour les lire ; parce que les frais se retrouvent ensuite comme compen-

sés et fondus dans le torrent de la circulation finan-
cière. Quant à la rédaction, vous jugez facilement
combien elle s'est simplifiée, et combien elle est devenue facile, parce que les journaux ne se critiquant
plus, chacun écrit comme il veut, pourvu qu'il n'é-
crive que ce qu'on veut qu'il écrive. Il n'est même
plus question d'esprit, de talent ou de génie; (bi-
sarres expressions du siècle glacé des classiques) on
trace un cercle autour de vous; vous remplissez ce
cercle de toutes les figures qui vous passent dans
l'esprit; on ne discute avec vous que cette question :
« Avez-vous ou non dépassé le cercle prescrit ». On
parle même d'une nouvelle invention, qui simplifiera
encore beaucoup la rédaction : c'est une machine à
articles, à l'instar du *componium* de la *rue de l'E-
chiquier*. On emploiera pour la mettre en mou-
vement les hommes de peine d'*esprit*, ou d'esprit
de peine, les plus robustes. Cette inappréciable dé-
couverte est le fruit des primes d'encouragement
proposées, il y a quelque temps, par le caissier de
la *rue de Varennes*, au comité central d'industrie.
On doit aussi les plus grands éloges aux commis
voyageurs des différentes feuilles, et surtout à celui
qui a fait un voyage à la *Trappe*, duquel il a envoyé
le récit au *Drapeau-Blanc*, en reconnaissance de ce
que les vénérables frères ont consenti à s'abonner. On
est bien sûr que ceux-là ne critiqueront pas les articles, ayant fait vœu perpétuel de silence.

» Ces détails, qui sont si intéressans pour notre
société, nous ont fait perdre de vue, pour quelques

instans, le sujet de notre rapport. Nous vous avons fait connaître les crimes et méfaits de la *France chrétienne*. Nous avons oublié de vous dire que cette feuille, à l'exemple du *Pilote*, s'était doublée ; ce qui veut dire, qu'il en paraissait deux à la fois. Ce qu'il y a de singulier, c'est que, dans l'intention de l'une d'elles, on en fesait paraitre deux, afin qu'il n'en parut aucune. M. G., ayant acquis la jouissance de cette feuille d'après les ordres de l'administration de la caisse d'amortissement de l'esprit public, ne la faisait plus paraître, comme quelqu'un qui achèterait une maison pour la brûler. C'est ce qu'on appelle en France favoriser l'industrie nationale. Enfin, des perquisitions exactes furent faites pour approfondir le miracle de cette double existence ; et il fut découvert d'abord, que la bonne feuille était la bonne ; mais, quelques jours plus tard, plus de réflexions ayant amené plus de lumières, il fut découvert que la bonne était la mauvaise. Sur ce, les sieurs G. et M., parties désintéressées dans la cause, vous proposent d'adopter le jugement suivant :

» Considérant qu'on ne saurait être mieux jugé que par soi-même, d'après le vieil axiôme *primà sibi caritas ;*

» Considérant qu'il n'est plus convenable, dans l'état actuel de notre civilisation, qu'il y ait une France chrétienne, que cela se trouve dit et expliqué dans la Bible, ainsi que l'assure son trois cent cinquantième traducteur, qui a remis cet ouvrage entièrement à neuf;

» Considérant qu'un journal qui n'est point tombé dans la grande caisse d'amortissement, est, par cela même, un journal détestable, et que son auteur mérite cette qualification, que les Jésuites donnaient à Pascal, lorsqu'ils disaient de lui, qu'il était un *tison d'enfer*, de laquelle qualification ledit Pascal n'a pu se défendre, n'ayant pu parvenir à prouver le contraire, comme il l'avoue lui-même dans ses écrits, dont la *Congrégation*, du reste, a entendu parler;

» Considérant que lorsqu'il paraît deux journaux sous le même titre, c'est, en règle générale, une preuve que l'on doit tôt ou tard supprimer l'un et l'autre;

» Considérant, en droit, que lorsqu'un propriétaire de journal, pour obéir au vœu de la loi, vient faire au préfet de police les déclarations prescrites, et que lorsque ledit préfet ne veut ni recevoir lesdites déclarations, ni déclarer son refus par écrit, lesdites déclarations ne sont plus possibles, humainement parlant; ce qui est une lacune dans la loi, qui sera peut-être réparée à l'expiration de la Chambre septennale;

» Considérant que le fait de la publication d'un journal, sur-tout lorsque ce fait est une contravention, ne se prouve plus par le dépôt à la préfecture de police; qu'il suffit, pour que la publication soit censée n'avoir pas eu lieu, que le directeur-général des postes atteste qu'il n'a vu passer aucun exemplaire par ses bureaux pour être envoyés dans les départemens; peu importe, d'ailleurs, qu'on en eût distribué deux ou trois mille dans Paris et la banlieue;

» En conséquence, ledit N. est déclaré coupable,

ainsi que son journal ; et ils sont, l'un et l'autre, con-
jointement et par corps, condamnés à la suppression
et à l'amende.

Le Président : « Je vais mettre aux voix l'adoption
dudit jugement.

(La majorité, composée de l'unanimité, adopte.)

La Gazette monte à la tribune et dit : « Je demande que les délinquans soient, pour leur supplice,
livrés aux bêtes.

Une voix : « Renvoyé pour l'exécution de la sen-
tence au bureau de *la Gazette.*

La Gazette : « Non, envoyez plutôt au comité central de la *rue de Tournon·*

Le Président : « Je vais consulter l'assemblée.

(L'Assemblée adopte cette dernière proposition.)

Une voix : « Le *Journal des Débats* n'a pas voté.

Une autre voix : « Il est occupé à écrire un article
en faveur de Diderot.

Le Président : On va faire le rapport sur l'*Aristarque français.*

La Gazette demande la parole.

» Messieurs, j'allais dire aussi mesdames ; mais je
» m'aperçois à temps que je suis la seule dame ici ;
» quant à l'*Etoile* c'est ce qu'on appelle une *jeunesse.*

» (1) *Un nouveau confrère vient de prendre rang*
» *parmi nous.* Vous faites bien de ne l'avoir pas laissé
» entrer. *Il ne fait que de naître et il menace* et

---

(1) NOTA. Tous les mots *souslignés* sont extraits d'un article
de la *Gazette* du lundi 17 mai.

» calomnie *déjà*. C'est un privilége qui m'appartient,
» à moi *qui ne fais pas que de naître*; comme vous
» savez : et il veut me l'usurper.

» *Il est écrit que les derniers seront les premiers* :

Une voix : » mais *il est aussi écrit que les premiers seront les derniers.* Or, la *Gazette* est le premier
journal qui ait existé en France. »

La *Gazette :* » ceci est une insolence, et, il n'y a
que l'*Aristarque* qui ait pû vous souffler celle-là....
Il est écrit aussi que, *quiconque juge les autres, sera
jugé lui-même.* »

Une voix : » c'est pour cette raison qu'on vous juge
depuis long-temps si vieille et si plate. »

La *Gazette :* » Je dénoncerai ceux qui m'interrom-
pent au comité de la *rue de Tournon* ; et les ferai con-
damner à écrire des articles d'opposition dans le
Pilote...... Je continue : *A l'avènement du Conser-
vateur, l'état penchait vers son déclin ; les ennemis
du trône étaient armés, et ses amis désarmés ; un af-
freux cataclysme était proche.*

Une voix, en riant aux éclats : » Ah ! *cataclysme !
cataclysme !* Que veut dire *cataclysme ?*

La *Gazette*, (d'un ton doctoral). » Il signifie grande
inondation.

La même voix : « Oh ! oui, oui : je me souviens
d'avoir entendu dire que la *Gazette* est une *cataclysme* de médiocrités. »

La Gazette furieuse : « M. le président, veuillez
réprimer ou prévenir (ce qui et la même chose) tant
d'audace. Il est impossible qu'aucun de ceux qui

sont ici se permette de pareils outrages. Je pense que c'est l'*Aristarque* qui nous envoie toutes ces sottises là par la croisée. Ayez la bonté , M. le président, d'ordonner que l'on ferme les fenêtres. (Le président fait fermer les fenêtres). Je continue encore une fois : *Oser dire que notre situatiou a empiré depuis 1819 , et sûrement elle a dû empirer...*

Une voix : « C'est juste.

La *Gazette :* « Vous voyez, M. le président, que vous ne pouvez pas me maintenir la parole. Veuillez ordonner que des perquisitions soient immédiatement faites pour découvrir les perturbateurs. Autrement je ne finirai pas mon discours ».

La même voix : « Tant mieux : ce sera autant de gagné pour l'assemblée.

« *La Gazette :* « C'est trop fort : je n'y peux plus tenir.

Dans ce moment on voit l'Etoile s'agiter sur son banc, en criant : « Je le tiens le coupable ! je le tiens !

Le Drapeau blanc , en levant la compresse qui lui couvre les yeux : « C'est étonnant, je ne vois rien !

L'Etoile , toujours en se débattant : « Je vais l'amener au milieu de l'assemblée. Le voyez-vous ! le voyez-vous !

Une foule de voix : « Qu'est-ce donc ?

L'Etoile : « C'est le quart de l'ombre du *Pilote* T. qui était venue se gîter dans le corps du *Pilote* C. et qui voulait insurger l'assemblée.

Le quart d'ombre : « Je faisais de l'opposition.

Le Pilote C. : « C'est singulier ! je ne m'étais pas apperçu que j'étais encore double. Tant mieux ! je ferai doubler ma rente.

Le président avec sévérité, s'adressant au *Pilote* C.

« *Pilote* C., Vous êtes coupable de beaucoup de négligence. Quoique enrichi d'une rente de quatre mille fr., laquelle ainsi qu'on vous l'a très-bien dit en pleine audience, est la seule qui ne soit pas sujette à réduction, quoique frappé d'un jugement, qui vous a pour jamais précipité dans la grande caisse, (je crois même que vous devez occuper le fond par l'effet des lois de la pesanteur) on peut comparer encore, pour me servir du style de la *Gazette* dans son n° du 17 mai 1824, *vos tendances d'aujourd'hui à vos tendances d'alors* (1). Vous savez bien, cependant, pour quels motifs on a changé votre lanterne révolutionnaire en un bec de gaz de la compagnie Pauw ; duquel bec, vous eussiez même été privé, si le *Journal des Débats* n'eût vivement sollicité en votre faveur. Je dois même vous dire, puisque vous me mettez dans le cas de vous faire ce pénible aveu, que beaucoup de personnes croyaient que vous n'existiez plus, d'après l'observation qui a déjà été faite, et qui est devenue comme un principe de jurisprudence, qu'un journal n'existe plus du moment qu'il a *été mis en deux* ; et que, pour une feuille, vivre et *paraître* ne sont pas la même chose.

---

(1) **Extrait du texte.**

(15)

*Le quart de l'ombre du Pilote T. se retire. Elle
a, en sortant, une dispute avec les huissiers, sur* la
question de la liberté de la presse.

Le président à l'assemblée : Messieurs, j'ai l'hon-
neur de vous prévenir que tout le monde dort, et
qu'il faudrait peut-être renvoyer l'affaire au *Réveil.*
Cependant, si vous le trouvez convenable, on com-
mencera le rapport sur l'affaire de *l'Aristarque.*

Le rapporteur est à la tribune : « Messieurs,
» *l'Aristarque Français* après avoir été conçu, comme
» Ève, dans le côté droit (1), mourut au côté
» gauche; et vient de ressusciter à l'extrême droite.
» Le principal crime dont il est accusé, est d'être
» ressuscité sans votre permission; chose qui, de la
» part d'un défunt, est d'une irrévérence inouie. Ce qui
» augmente encore la gravité de son crime, c'est qu'il
» est mort rénégat. On dira peut-être qu'il s'est
» repenti après sa mort : votre commission pense
» que cela est possible, quoique cela soit un peu
» tard.

*Le président interrompant le rapporteur et agitant
vivement sa sonnette,* « il est impossible d'en réveiller
un seul. En vertu de l'autorité dont je suis investi, je
renvoie le procès de *l'Aristarque* de huitaine en
huitaine jusqu'après la session; et je le condamne
provisoirement à être suspendu ou à être exécuté en
effigie, à son choix.

____

(1) On dit que l'abbé de B. l'avait créé.

____

Imprimerie de GŒTSCHY, rue Louis-le-Grand , N° 27.